À la cour du Roi-Soleil

d'Annie Jay

illustré par Claire Le Grand

milan

Chapitre 1

– Oh ! Versailles ! Que c'est beau ! dit Octave Simon à son père.

Du haut de ses dix ans, Octave ne sait où regarder ! Il y a tant de choses à voir ! Devant le château, les carrosses, les chevaux et les chaises à porteurs sont aussi nombreux que des fourmis dans une fourmilière ! Et tous ces gens qui courent en tous sens !

– Tu as de la chance, Papa, tu vas peut-être rencontrer le roi !

– Qu'est-ce que tu imagines ? répond M. Simon en riant. Qu'un simple aubergiste de village peut rencontrer Sa Majesté aussi facilement ?

Ils franchissent l'entrée du palais et montent un immense escalier de marbre. Jamais Octave n'en a vu de si grand. Arrivé en haut, M. Simon explique :

– À Versailles, pour obtenir une faveur, il faut connaître quelqu'un d'important… J'ai obtenu un rendez-vous avec M. de Beaupré. Il est secrétaire aux Finances. Si j'arrive à le convaincre, notre village aura enfin une école.

Tout cela, Octave le sait déjà. Pendant que son père parle, il lisse son beau costume neuf de la main. Là, dans la poche, il sent la grosse pomme que sa mère lui a donnée avant de partir.

– Attends-moi ici, à la porte des Grands Appartements, recommande M. Simon avant d'aller retrouver M. de Beaupré.

« Les adultes sont bien compliqués ! » pense Octave.

Lui, il ne perdrait pas de temps. Il filerait tout droit chez Louis XIV, et il lui dirait :

«Votre Majesté, on a besoin d'une école.»

Et comme le roi Louis est sûrement très gentil, il répondrait :

« D'accord, Octave. Je m'en occupe.»

Très vite, Octave en a assez d'attendre…

«Je vais voir le roi ! » décide-t-il tout à coup.

Une fois cette affaire d'école réglée, il aurait tout son temps pour se promener dans les jardins. Fier de son idée, Octave se précipite dans les Grands Appartements.

Chapitre 2

Où est donc Louis XIV ?

Le cœur battant, Octave parcourt les salons et observe les courtisans qui discutent et se saluent à grands coups de chapeau et de révérences.

– Eh, toi !

Octave se retourne. C'est un garçon de son âge qui l'appelle, sans doute un jeune seigneur, car il porte un bel habit vert brodé et un large feutre à plumes.

– Tu viens assister au repas de Sa Majesté ? lui demande le garçon.

Octave ouvre de grands yeux et fait non de la tête.

– Il ne m'a pas invité, explique Octave. Mais peux-tu me dire où il se trouve ? Je dois lui parler…

– Bien sûr. Un vrai courtisan sait toujours où est le roi, répond aussitôt le garçon.

–Vraiment ? Et tu pourrais me le présenter ?

Le petit seigneur semble très étonné. Il se met à rire, puis il répond, l'air sûr de lui :

– Naturellement. Je m'appelle Titus.

Quelle chance ! Octave n'en revient pas !

Pour montrer sa bonne éducation, il plonge dans une révérence, que Titus lui rend le plus sérieusement du monde.

– Assez de ronds de jambe, ordonne Titus. Il faut d'abord que tu passes les trois épreuves…

– De quelles épreuves parles-tu ? demande Octave, un peu inquiet.

– À Versailles, personne ne rencontre le roi avant d'avoir prouvé son courage.

Octave réfléchit. Passer des épreuves ? Cela paraît normal. Le roi n'est pas n'importe qui !

– Je suis d'accord, déclare Octave. Je passerai les épreuves.

Mais, tout au fond de lui, il se demande bien ce que le jeune seigneur va exiger.

Titus réfléchit, se gratte le menton, et dit :

– Tu devras être aussi courageux qu'un chevalier… Autrefois, ils tuaient des dragons et sauvaient des demoiselles…

– C'est que je ne suis pas un chevalier, croit bon d'expliquer Octave. Mais je sais courir, sauter, grimper… et je sais même marcher sur les mains !

– Voilà une bonne idée ! Ce n'est pas chevaleresque mais ce sera sûrement très drôle. Marche donc sur les mains.

– N'est-ce pas interdit de marcher sur les mains ? demande Octave à tout hasard.

D'un air des plus dignes, Titus fait non de la tête. Octave, rassuré, se lance, les bras en avant. Ses pieds quittent le sol et se balancent en l'air dans un équilibre incertain. Il avance une main sur le beau parquet ciré, puis l'autre…

– Ma pomme ! s'écrie-t-il.

Sa belle pomme vient de s'échapper de sa poche et roule jusqu'à un courtisan qui discute avec une dame.

Pas une seconde à perdre ! Octave retombe sur les genoux et s'en va à quatre pattes

chercher son goûter avant que l'homme ne l'écrase.

– Ah, marquise ! Quel plaisir de vous voir !

– Ah, comte, je suis ravie de vous rencontrer !

Flûte ! Au moment où Octave va saisir le fruit, le comte l'envoie rouler du bout de ses beaux souliers jusque sous la jupe de la dame… Ce qui fait éclater de rire Titus.

– Eh ! peste Octave. Mon goûter !

Personne à gauche ? Personne à droite ? Il rampe jusqu'à la robe de la marquise. Octave sent sous sa main le doux velours de la jupe et la dentelle du jupon. Ça y est, il attrape sa pomme et…

–Vaurien ! s'écrie le comte. Oser regarder sous les jupes des dames ! Ah çà, si j'attrape cette fripouille !

Octave se relève d'un bond, la pomme à la main.

– Je l'ai ! crie-t-il à Titus. Partons vite !

Les deux garçons s'éloignent aussitôt en courant. Ils franchissent plusieurs salons et vont se cacher dans le recoin d'une fenêtre. Par chance, le comte ne les a pas suivis.

– Dis donc, fait Titus, oser chercher ta pomme entre les pieds d'un comte, c'est courageux ! Allons dans les jardins, il te reste deux épreuves à passer.

Chapitre 3

– Voilà le bassin du Dragon.

– Hou ! là, là ! s'exclame Octave. Il est si grand que tous les troupeaux de mon village pourraient y boire ensemble !

Titus se met à rire et répond :

– Ici, les fontaines sont juste construites pour faire joli ! Et dans ces jardins, il y a un labyrinthe. Il existe aussi une ménagerie avec des animaux comme tu n'en as jamais vu… des autruches et des chameaux…

Effectivement, Octave n'en a jamais entendu parler, de ces bêtes-là, alors Titus explique :

– Imagine : les autruches sont des poules grandes comme des chevaux… et les chameaux

ressemblent à des chevaux avec des bosses, qui ruminent comme des vaches.

– Tu en as de la chance de vivre ici !... s'exclame Octave, impressionné par tant de bizarreries.

– Trêve de plaisanteries, le coupe Titus. Je veux que tu chevauches le dragon du bassin, tel un chevalier, et que tu cries : «Vive le roi ! »

Voilà une épreuve compliquée. Il faut traverser le bassin et gravir l'énorme monstre doré, cabré, gueule béante, toutes griffes dehors. Mais grimper, c'est la spécialité d'Octave. Au village, il monte aux arbres comme personne.

– Laissez-moi tranquille ! entend-il tout à coup. Mes fleurs !

Octave se retourne pour voir une jeune fille d'environ douze ans vêtue d'une robe rouge. Deux valets guère plus âgés qu'elle la bousculent. Les garçons rient, mais la fille, elle, verse de grosses larmes. À ses pieds, un panier est renversé, et de petits bouquets de violettes s'éparpillent dans le chemin.

– Tudieu ! s'écrie Titus, je la connais, elle vend des fleurs dans l'escalier de la Reine.

– Il faut l'aider ! renchérit Octave.

– Foi de gentilhomme, si j'avais une épée, je taillerais en pièces ces malappris !

– Moi, répond Octave, j'ai mes poings, cela me suffit !

Aussitôt il se lance au secours de la petite vendeuse, Titus sur ses talons.

Les deux valets, qui le dépassent d'une tête, se mettent à ricaner. Alors Octave fonce. Il attrape le premier par un bras, et l'envoie rouler dans la poussière.

Mais le deuxième attaque ! Octave lui fait un croche-pied, et le valet s'étale de tout son long ! Les deux mauvais garçons, vaincus, décampent sans demander leur reste !

– Merci, fait la jeune fille en ramassant ses bouquets. Sans vous, ils auraient volé mon argent. Tenez, je vous offre ces violettes…

La demoiselle est très jolie, et Octave devient tout rouge. Mais Titus, lui, n'est pas du tout intimidé : il enlève son chapeau et accepte les fleurs.

– C'est mon ami qui les a mis en fuite, mademoiselle. Il s'est conduit comme un vrai gentilhomme.

Une fois la vendeuse partie, Titus se penche vers Octave pour mettre les violettes à sa boutonnière :

–Vrai de vrai, tu viens de sauver une demoiselle en détresse ! Un chevalier n'aurait pas mieux fait !

Tout fier, Octave rougit de plus belle.

Chapitre 4

– Allons, dit-il, il me faut encore chevaucher le dragon.

– Que tu es bête ! répond Titus. Arrêtons ces épreuves, il faut que je te dise…

Trop tard ! Octave enlève ses chaussures et ses bas de coton. Il remonte sa large culotte jusqu'à mi-cuisses et entre dans l'eau.

– Hou ! là, là ! Qu'elle est froide ! s'écrie-t-il.

Le dragon est devant lui, terrifiant. Octave ne sait où s'accrocher. À sa queue de serpent qui fouette l'air ? À ses pattes griffues ?

– Reviens ! lui crie Titus, tu n'as pas besoin de…

Octave n'écoute pas. D'un geste habile, il s'agrippe à la queue, se balance, et hop ! le voilà qui grimpe sur les écailles dorées du monstre.

Il se met debout, la main dans la gueule ouverte de l'animal, comme pour le dompter. Il lève un poing victorieux et crie à Titus :

– J'ai vaincu le dragon ! Vive le roi !

Mais Octave n'a pas le temps de profiter de son triomphe. Un vieux jardinier, sa fourche à la main, s'approche d'un air menaçant :

– Dis donc, jeune mal élevé ! Veux-tu bien sortir de ce bassin ou je m'en vais te piquer les fesses !

Aïe ! Aïe ! Aïe ! Sa mère n'aimerait pas qu'il revienne avec un trou au fond de sa culotte neuve.

– Sors vite ! lui crie Titus.

Octave ne réfléchit pas plus longtemps : il glisse de la statue et saute hors du bassin. Puis il attrape bas et chaussures et s'enfuit, pieds nus, avec son ami.

Alors qu'ils sont bien cachés à l'abri d'un bosquet, Titus lui lance d'un air admiratif :

– Tu es vraiment très courageux ! Jamais je n'aurais osé faire une telle chose !

– Alors, demande Octave en se rhabillant, comme j'ai sauvé la vendeuse de fleurs, on peut dire que j'ai réussi trois épreuves… Tu vas me présenter au roi ?

Mais, bizarrement, Titus répond seulement :

– Voilà une bonne heure que nous traînons. Il faudrait rentrer, ton père doit t'attendre.

– Tu as raison. Et nous irons voir le roi avec Papa. Il sera si fier de moi !

Hélas ! pas trace de M. Simon au château, ni dans les Grands Appartements, ni ailleurs.

– À cause de tes épreuves, rouspète Octave, j'ai perdu mon père ! Il doit être très inquiet !

Il sera furieux, même si je lui apprends que nous allons parler au roi !

Titus baisse le nez d'un air coupable.

– Je t'ai menti, je ne peux pas te présenter à Sa Majesté…

– Quoi ! s'indigne Octave.

– Je m'ennuyais, explique Titus pour s'excuser.

À Versailles, il n'y a pas beaucoup d'enfants…

Je me suis dit que nous pourrions jouer ensemble…

– Tu t'es moqué de moi ? J'ai fait toutes ces épreuves pour rien ?

Titus, tout penaud, propose :

– Pour me faire pardonner, je promets de t'aider à retrouver ton père. À cette heure, Sa Majesté mange. Ton père te cherche peut-être au repas… Allons-y !

Chapitre 5

La salle où le roi mange est pleine.

– Nous allons rejoindre le marquis de Saint-Firmin, mon père ! dit crânement Titus au garde.

Une fois entrés, les deux garçons se glissent entre les visiteurs.

– Papa ! s'écrie Octave en reconnaissant son père.

– Octave ! J'étais si inquiet, je te croyais perdu !

M. Simon a l'air déçu. Il explique à son fils :

– M. de Beaupré refuse de nous aider. Notre village n'aura pas son école.

– Chut ! souffle Titus. Ne voyez-vous pas que Sa Majesté mange ?

Effectivement, le grand Louis XIV est assis à sa table. Dans la pièce, la foule, debout, le regarde grignoter du bout des doigts.

– Hou ! là, là ! Quel appétit a Sa Majesté ! s'étonne Octave qui commence à avoir comme un petit creux.

En une heure, le roi engloutit du poulet, du rôti, du poisson, du pâté, du potage, des œufs durs, de la salade… Il arrive enfin au dessert.

À présent, les valets apportent gâteaux, crèmes, fruits et confitures. Le roi cherche sur la table de quoi finir ce repas en beauté, et tout à coup il demande :

– Il n'y a point de pommes ?

Le premier gentilhomme, avec angoisse, regarde le maître d'hôtel, horrifié, qui regarde le grand fruitier qui manque s'évanouir…

« Le plus grand roi du monde n'a pas de pommes pour son dessert ? répète-t-on dans la foule. Quel scandale ! »

Octave passe la main sur sa poche. Il sourit en sentant la forme de son goûter et lance :

– Moi, j'ai une pomme pour Sa Majesté !

– Qui a parlé ? s'écrie le chef des gardes.

La foule s'écarte devant Octave qui sort sa belle pomme. Il la frotte contre son habit neuf pour la faire briller, et s'avance timidement pour la donner à Louis XIV.

– Voilà un bien beau cadeau, lui dit le souverain. J'ai fort envie d'une pomme. En échange, je te donne autant de gâteaux que tu voudras.

Dans la foule, on lance des oh ! et des ah ! d'étonnement, car jamais, de mémoire de courtisan, on n'a vu le roi parler à un enfant inconnu.

Les gâteaux ont l'air drôlement bons. Octave en meurt d'envie. Mais il lui vient une idée…

– Votre Majesté, dit-il en baissant craintivement les yeux, je souhaiterais quelque chose… qui ne se mange pas.

Le roi semble surpris, tandis que les courtisans commencent à trouver ce petit garçon bien impoli.

– Eh bien, parle ! répond Louis XIV avec agacement. Que veux-tu en échange de ta pomme ?

– Une école, Votre Majesté, ose répondre Octave. Les habitants de mon village sont pauvres. Ils n'ont pas assez d'argent pour en bâtir une…

M. Simon retient son souffle. Son fils est-il devenu fou ? Le roi va sûrement se mettre en colère. Ils vont finir tous les deux au fond d'un cachot, à la Bastille !

Mais non, le souverain se met à sourire. C'est sans doute la première fois qu'on lui demande une chose aussi étrange !

– Tu auras ton école, dit-il. Je m'y engage !

Sans plus attendre, la mine gourmande, Louis XIV prend la pomme qu'il se met à découper à l'aide de son couteau doré.

Autant vous dire que le village entier fit fête à M. Simon et à son fils !

Octave portait fièrement une grosse bourse pleine de louis d'or que le roi lui avait fait donner ! Il y avait de quoi construire une école, acheter des livres et engager un professeur.

Mme Simon organisa un repas. De grandes tables décorées de fleurs accueillirent les villageois. Titus, debout sur une chaise, raconta combien son ami Octave était courageux et comment il avait offert sa pomme au roi.

– Dorénavant, dit M. Simon en serrant son fils contre lui, notre auberge s'appellera : *À la Pomme d'Octave* !

1, rond-point du Général-Eisenhower, 31101 Toulouse Cedex 9, France
editionsmilan.com

Dépôt légal : septembre 2007 • ISBN : 978-2-7459-3039-2
Achevé d'imprimer au 3e trimestre 2022 par Pollina, Luçon - 44331.
Ce livre a été imprimé sur du papier issu de forêts gérées durablement.
Plus d'informations sur la fabrication de nos livres :
editionsmilan.com/comment-fabriquons-nous-nos-livres

PEFC 10-31-2065 / Certifié PEFC / pefc-france.org

Tu vides tes étagères et connais déjà ce livre par cœur ? Donne-le !